CHAMBRE DE COMMERCE DE NANTES

RÈGLEMENT & TARIF

DES

PRIX DE MAGASINAGE

ET DE MANUTENTION

Dans les Entrepôts et Magasins Généraux

DE LA

CHAMBRE DE COMMERCE

NANTES

IMPRIMERIE ÉMILE GRIMAUD ET FILS

4, Place du Commerce, 4

—

1899

RÈGLEMENT & TARIF

DES

PRIX DE MAGASINAGE

ET DE MANUTENTION

Dans les Entrepôts et Magasins Généraux

DE LA

CHAMBRE DE COMMERCE

NANTES

IMPRIMERIE ÉMILE GRIMAUD ET FILS

4, Place du Commerce, 4

—

1899

RÈGLEMENT & TARIF

DES

PRIX DE MAGASINAGE

ET DE MANUTENTION

DANS LES ENTREPOTS ET MAGASINS GÉNÉRAUX

DE LA

Chambre de Commerce de Nantes

———➤◁●◁◄———

La Chambre de Commerce par sa délibération du 9 juin 1894, complétée et modifiée par ses délibérations du 24 février 1875, 4 février 1879, 6 avril 1880, 24 mars 1882, 7 avril 1891 et 20 décembre 1898, a établi ainsi qu'il suit le règlement et les tarifs de magasinage et de manutention de ses Entrepôts et Magasins Généraux.

Le présent règlement et les tarifs annexés seront exécutoires à partir du 1er avril 1899.

Nantes, le 20 décembre 1898.

Étaient membres de la Chambre de Commerce :

MM.	J.-B. RIVRON O. ✻	*Président*
	J. BUFFET ✻	*Vice-Président*
	L. DUBOCHET	*Vice-Président*
	X. BOUBÉE	*Membre*
	J. BOUVAIS-FLON	—
	V. COSSÉ ✻	—
	E. DAGAULT	—

MM.   C. Gouraud   *Membre*
       G. Grignon-Dumoulin —
       D. Hailaust —
       C. Huguenin —
       A. Manjot —
       Monfort-Ferapié —
       E. Pergeline —
       H. Poupart —
       A. Riom ✻ —
       P. Sevestre ✻ —
       E. Talvande —

TITRE PREMIER

Oganisation des Entrepôts et Magasins Généraux de la Chambre de Commerce de Nantes.

La Chambre de Commerce est concessionnaire à Nantes :

1º *De l'Entrepôt réel des Douanes ;*
2º *De l'Entrepôt réel des sucres indigènes ;*
3º *De Magasins Généraux agréés par l'État.*

Les marchandises qui ont été admises dans les locaux affectés à l'Entrepôt réel peuvent y être constituées sous le régime des Magasins Généraux.

La Chambre de Commerce peut aussi recevoir, sous le régime de la législation des Magasins Généraux, des marchandises libres ou libérées des droits de Douane ou admises à jouir de l'Entrepôt fictif. Ces marchandises sont placées dans des locaux distincts de ceux qui sont affectés à l'Entrepôt réel.

Les Entrepôts et Magasins Généraux sont administrés par la Chambre de Commerce, qui désigne parmi ses Membres une Commission chargée de la haute surveillance des services ; ils sont gérés par un Directeur et un personnel nommés par la Chambre.

Les Portefaix, nommés par la Chambre de Commerce et agréés par la Douane, sont exclusivement chargés des travaux de manutention à l'entrée, à la sortie et à l'intérieur des Entrepôts et Magasins Généraux.

Ces Portefaix peuvent s'adjoindre, à titre transitoire, sous leur responsabilité et avec l'agrément de la Chambre et de la Douane, des ouvriers auxiliaires.

Les Portefaix attachés aux Entrepôts peuvent entreprendre, aux conditions du tarif établi par la Chambre de Commerce, le chargement et le déchargement des navires, allèges, wagons ou camions, devant prendre ou déposer des marchandises en provenance ou à destination des Entrepôts, lorsque ces navires, allèges, wagons ou camions, se trouvent placés au droit des établissements administrés par la Chambre de Commerce ; mais ils ne peuvent se charger du transport à bras ou par camions et charrettes des marchandises à déposer ou à prendre sur d'autres points du Port, même lorsque ces marchandises sont en provenance ou à destination des Entrepôts.

L'Administration des Entrepôts ne se charge pas, pour le compte des déposants, des opérations désignées ci-après :

1° Réception ou expédition de marchandises ;

2° Règlement de fret ou de frais de transport ;

3° Formalités de douane, d'octroi ou de régie.

Toute contestation entre les déposants et la Direction au sujet de l'application du règlement ou des tarifs doit être portée devant la Chambre de Commerce.

Les Entrepôts et Magasins Généraux sont ouverts aux opérations du commerce, les jours ouvrables, de 7 heures du matin à 5 heures du soir, du 1ᵉʳ octobre au 31 mars ; et de 6 heures du matin à 6 heures du soir, du 1ᵉʳ avril au 30 septembre ; toutefois, pendant les mois de janvier, février et décembre, les Entrepôts ne sont ouverts que lorsqu'il fait jour, et ils doivent être fermés dès que l'obscurité règne dans les magasins.

TITRE II

Constitution des Dépôts.

Les dépôts de marchandises sont reçus dans les magasins sans préférence ni faveur ; ils sont répartis, par les soins de la Direction, dans les différents locaux des Entrepôts.

Les espaces disponibles ne peuvent être retenus à l'avance.

Les dépôts ne peuvent être constitués au nom de personnes résidant au dehors qu'à la condition que ces personnes soient représentées à Nantes par des agents accrédités auprès de l'Administration des Entrepôts.

Les représentants investis de ces mandats contractent, solidairement avec leurs mandants, l'obligation de payer à Nantes, entre les mains de la Chambre de Commerce, les sommes dûes pour frais de magasinage, d'assurance et de manutention des marchandises déposées par leur entremise.

Pour éviter la confusion et les erreurs, les marchandises ne peuvent séjourner en magasin plus de deux jours sans être arrimées et classées ; passé ce délai, la Direction peut ordonner, d'office, l'arrimage aux frais des déposants.

Les marchandises classées comme dangereuses par les Compagnies d'assurance sont exclues des Entrepôts et Magasins Généraux ; celles qui, par suite de leur nature ou de leur état, peuvent être une cause d'infection, soit pour les marchandises voisines, soit pour les magasins, doivent faire l'objet, de la part des déposants, d'une déclaration spéciale ; elles ne sont admises qu'avec agrément de la Chambre et après entente avec la Direction. Dans le cas où le déposant n'aurait pas fait la déclaration prévue au paragraphe ci-dessus, il serait responsable du dommage qui aurait été causé aux marchandises voisines et des frais du déplacement qui pourrait être ordonné d'office par le Directeur des Entrepôts et Magasins Généraux.

TITRE III

Application des Taxes de Magasinage

Toute marchandise introduite dans les magasins est passible des prix mensuels et indivisibles de magasinage inscrits au tarif.

Tout mois commencé est compté comme plein ; toutefois, par suite d'une tolérance d'usage , le 1er mois de magasinage ne commence que : 10 jours après la date de la déclaration en gros faite au bureau des Douanes de Nantes, pour les marchandises venues par eau, et 10 jours après le premier jour de l'entrée, pour les marchandises venues par terre ou transportées par des navires qui n'ont point été mis en déclaration à Nantes ou qui appartiennent à des lignes régulières de cabotage attachées au Port de Nantes.

Lorsque des marchandises sont cédées en magasin, le cessionnaire bénéficie des jours à courir jusqu'à l'expiration du mois de magasinage commencé et dû par le cédant.

Lorsque la cession s'effectue le jour même de l'expiration d'un mois de magasinage, il est accordé cinq jours à *l'acheteur reconnu* pour l'enlèvement des marchandises cédées ; passé ce délai, le lot entre au nom du cessionnaire, et le magasinage court à son compte, du jour de la cession.

Il est consenti une réduction des prix de magasinage pour cause de long séjour en magasin.

Cette réduction est de :

1/4 après 12 mois jusqu'à 24 mois.

1/3 au delà de 24 mois.

TITRE IV

Tarifs spéciaux de Magasinage

Vérification des sucres raffinés destinés à l'exportation et des sucres bruts ou raffinés, destinés au sucrage des vendanges.

Les sucres raffinés destinés à la réexportation et les sucres bruts ou raffinés destinés au sucrage des vendanges, lorsqu'ils sont introduits en Entrepôt pour y subir le contrôle administratif, ne paient, pour un temps de séjour ne dépassant pas 15 jours à compter du jour de l'entrée, que la moitié du prix de magasinage mensuel. Après un séjour de plus de 15 jours, ces sucres sont soumis aux tarifs ordinaires.

Nota. — Pour jouir de la réduction résultant de l'application de ce tarif spécial, les déposants devront la réclamer sur la déclaration d'entrée.

Marchandises admises dans les salles de visite.

Les salles de visite disponibles peuvent être mises à la disposition des déposants. L'usage de ces salles est gratuit lorsque les marchandises introduites ont pour destination ultérieure les magasins de la Chambre de Commerce. Si les marchandises placées dans les salles de visite doivent sortir, après vérification, sans pénétrer dans les magasins, une taxe spéciale est perçue conformément au tarif ci-dessous :

Pour un séjour de 1 à 4 jours le 1/4 du prix mensuel.
—   —   de 5 à 10 jours le 1/3   —   —
—   —   de 11 à 15 jours la 1/2   —   —

Après un séjour de plus de 15 jours, le plein tarif est appliqué.

Dans l'application de ce tarif spécial, la perception ne peut, en aucun cas, être inférieure à 0 fr. 30 par 1000 kilogrammes.

Marchandises dépotées ou étendues sur plancher. Les marchandises dépotées pour la tare ou étendues sur plancher pour séchage, triage, etc., doivent être réintégrées dans les emballages et réarrimées dans un laps de temps de *deux jours*, dimanches et jours fériés non compris ; passé ce délai, ces marchandises ont à acquitter, *en plus du prix mensuel de magasinage :*

Pour un séjour de 1 à 8 jours, une fois le prix mensuel de magasinage.

Pour un séjour de 9 à 15 jours, deux fois le prix mensuel de magasinage.

Pour un séjour de plus de 15 jours, trois fois le prix mensuel de magasinage.

Futailles ou emballages vides. Les futailles et emballages vides provenant de dépotage en magasin, doivent être enlevés dans un délai de *deux jours* sous peine d'acquitter les tarifs afférents à ces sortes de marchandises.

Marchandises vendues publiquement. Les marchandises vendues publiquement paient un tiers en sus des prix du tarif pour le dernier mois de séjour.

TITRE V

Assurance contre l'incendie.

La Chambre de Commerce fait couvrir par assurances son risque de dépositaire. Les polices souscrites couvrent en même temps, directement au profit des déposants et sàns garantie de la Chambre de Commerce, le risque contre l'incendio des marchandises elles-mêmes.

La valèur des marchandises déposées est fournie par le déposant sur la déclaration d'entrée.

Si la valeur fournie s'écartait notablement des cours établis pour des marchandises similaires, le déposant aurait à indiquer sur sa déclaration les motifs de l'écart.

En l'absence d'indication, la valeur fournie pourrait être modifiée d'office par les soins de la Direction ; toute déclaration inexacte du déposant entraînant d'ailleurs contre lui toutes conséquences de droit au point de vue de l'assurance.

Les assurances établies dans les conditions indiquées ci-dessus donnent lieu à la perception d'une prime mensuelle dont le quantum est déterminé par le tarif inscrit à la suite des prix de magasinage.

Si, par suite de changements dans les cours des marchandises, le déposant demandait à modifier la valeur déclarée lors de la constitution du dépôt, cette demande serait admise dans les conditions indiquées ci-dessous :

Si la modification de valeur est demandée à l'expiration d'une période mensuelle, le changemenl peut s'effectuer sur les livres sans modifier le mode de perception de la prime ; mais, si la modification, comportant une augmentation *immédiate* de la valeur, était demandée pendant le cours d'une période mensuelle, la prime serait perçue sur la nouvelle valeur depuis le commencement du 'mois en cours. Si le changement de valeur, comportant une réduction *immédiate* de la valeur, était demandé pendant le cours d'une période mensuelle, la prime serait perçue sur l'ancienne valeur jusqu'à l'expiration du mois en cours.

Toute modification de valeur entraîne la liquidation immédiate des frais de magasinage et d'assurance du lot qu'elle concerne.

L'établissement de la prime d'assurance est soumis aux mêmes règles que celles indiquées au titre III pour l'application des taxes de magasinage.

Les réductions prévues au titre III et au titre IV dans les tarifs spéciaux de magasinage ne sont point applicables à la prime d'assurance.

TITRE VI

Administration du Magasin général

Les déposants ont la faculté de se faire délivrer des récépissés-warrants pour les différents lots de marchandises inscrits à leur nom sur les registres des Magasins Généraux administrés par la Chambre de Commerce.

Pour obtenir la délivrance d'un ou plusieurs récépissés-warrants, le déposant doit fournir à la direction une demande indiquant :

1º Le numéro d'ordre du lot à warranter ;

2º La désignation de la marchandise ;

3º Le nombre et le poids brut des colis formant le lot.

Chaque récépissé-warrant ne peut être établi que pour des marchandises de même nature.

Plusieurs lots de marchandises similaires peuvent être réunis sur un même récépissé-warrant, quoique portant des numéros d'ordre différents.

Un lot de marchandise inscrit sous un même numéro d'ordre, peut être divisé pour former plusieurs récépissés-warrants.

Cependant, chaque récépissé-warrant devant être représenté en magasin par *un lot distinct*, le déposant dans la division demandée devra, lorsqu'il s'agit de marchandises déposées sous le régime de l'Entrepôt réel, respecter le classement effectué à l'entrée par la Douane ou la Régie.

Pour les marchandises déposées en *magasin libre*, si la division demandée ne concordait pas avec l'arrimage d'entrée, le demandeur aurait à supporter les frais du nouveau lotissement.

Lorsqu'une demande d'établissement de récépissé-warrant est formulée, le demandeur doit mettre la Direction du Magasin Général à même de contrôler les indications concernant la nature et le poids des marchandises inscrites sur la demande.

Pour les marchandises déposées sous le régime de l'Entrepôt réel, qui ont été reconnues et pesées par la Douane ou la Régie à l'entrée en magasin, la production du carnet de pesage peut suffire.

Pour les marchandises déposées en magasin libre, la Direction procède au déballage ou au sondage des colis, à moins que le demandeur puisse établir, par la production de documents certains, l'origine et la nature de la marchandise. En l'absence d'un poids de détail, permettant une vérification par épreuves, le pesage intégral du lot à warranter est obligatoire.

Les frais de toute nature occasionnés par les vérifications auxquelles la Direction doit se livrer avant de procéder à la création des récépissés-warrants, sont à la charge des déposants.

Retrait des marchandises warrantées. L'Administration du Magasin Général ne peut se dessaisir de tout ou partie des marchandises inscrites sur des Récépissés-Warrants que contre remise de ces titres régulièrement déchargés.

Cependant, le porteur régulièrement mis en possession d'un *récépissé* séparé du Warrant, peut réclamer la disposition des marchandises inscrites sur ce titre en consignant à la Caisse de la Chambre de Commerce (Hôtel de la Bourse), le montant intégral de la créance garantie par le *Warrant* en circulation.

Retrait partiel de marchandises warrantées. Par disposition spéciale, lorsque le Warrant a été négocié *directement* par le déposant à une institution de crédit de la place, et que cette institution a endossé *directement* ce même Warrant à l'ordre de la *Banque de France*, le porteur du récépissé peut être mis en possession d'une *partie* des marchandises inscrites sur ce titre sans effectuer de versement entre les mains de la Chambre de Commerce ; mais, dans ce cas, il doit remettre à la Direction les pièces suivantes :

1° Le récépissé régulièrement déchargé ;

2° Un ordre de livraison partielle signé par le second endosseur du Warrant ;

3° Un ordre de livrer émanant de la Banque de France,

accompagné d'une déclaration constatant que cet établissement a reçu le versement d'une somme égale à l'avance consentie sur la portion des marchandises dont la libre disposition est accordée au porteur du récépissé N°..., inscrites sur le Warrant N°...

Si le Warrant, par suite de transfert par voie d'endossement, se trouve entre des mains autres que celles de la Banque de France, le porteur du récépissé ne peut être admis à retirer *partie* de la marchandise warrantée qu'en consignant entre les mains de la Chambre de Commerce le *montant intégral* de la créance garantie par le Warrant et enregistrée sur les livres de la Chambre de Commerce (1er endossement).

Le Magasin Général administré par la Chambre de Commerce ne fait pas d'avances sur marchandises, il n'escompte pas les Warrants. *Dispositions générales.*

La délivrance de tout récépissé-warrant donnne lieu à la perception d'une somme de 1 fr. 50. (Timbre du récépissé compris)

Les taxes applicables aux marchandises warrantées sont celles des marchandises ordinaires.

TITRE VII

Dépotoirs.

Des instruments destinés à mesurer les liquides et la contenance des futailles et récipients sont établis dans les Entrepôts.

Les dépotoirs sont mis à la disposition du commerce, dans l'ordre des demandes et pendant les heures de travail, moyennant le paiement d'une taxe inscrite au tarif.

Les personnes qui désirent introduire dans l'Entrepôt des futailles vides ou renfermant des marchandises libres de droits, pour les jauger, doivent adresser une demande au Contrôleur des Douanes attaché à l'Entrepôt.

TITRE VIII

Dispositions générales concernant le classement, l'entrée, la sortie des marchandises et les opérations diverses à effectuer en magasin.

Désignation des marchandises.

Les différents lots de marchandises sont désignés en magasin par des cartes portant des *numéros d'ordre*, sans aucune autre indication que celles intéressant l'Administration de la Chambre de Commerce, la Douane ou la Régie.

Déclaration d'entrée

Aucun lot de marchandise ne peut être reçu en magasin s'il n'est précédé ou accompagné d'une *déclaration d'entrée* ; cette déclaration doit faire connaître : le nom du déposant et les marques, le nombre, la nature, l'origine, le poids et la valeur des marchandises présentées.

Bulletins d'entrée.

Dès que le dépôt a été régulièrement constitué, c'est-à-dire lorsqu'il a été reconnu en magasin et enregistré, un *bulletin d'entrée* est tenu à la disposition du déposant dans les bureaux de la Direction.

Ce bulletin d'entrée, signé du Directeur, doit fournir les indications ci-après :

1° Le numéro d'ordre attribué au lot.

2° La désignation de la marchandise et de l'emplacement qu'elle occupe en magasin.

3° La date à partir de laquelle court le magasinage.

Retrait des dépôts.

Pour obtenir le retrait de tout ou partie des dépôts, les ayants-droit doivent présenter au contrôle un *reçu* rappelant les *numéros d'ordre* des lots réclamés.

Les reçus délivrés à la sortie ne doivent comprendre que des lots logés dans un même corps de bâtiment.

Toute modification apportée dans la rédaction d'un reçu contrôlé et revêtu de l'estampille *bon à sortir*, doit être visée et approuvée au contrôle.

Nota. — *Les Agents des déposants qui négligeraient de se conformer à cette prescription cesseraient d'être accrédités auprès de l'Administration des Entrepôts.*

Pour être admis à visiter, à recenser, à sonder, à échantillonner, à déguster, à tarer, à peser les marchandises déposées à leur nom, les déposants doivent présenter une demande spéciale à la Direction. Cette demande doit rappeler le numéro d'ordre du lot qu'elle concerne.

Dans ces différentes opérations, le déposant doit se faire accompagner en magasin par un Portefaix chargé de présenter les lots.

Les Portefaix ainsi employés doivent se tenir à la disposition des déposants, pour effectuer les différents travaux auxquels peuvent donner lieu les demandes formulées ; ils sont rétribués par les intéressés, d'après le temps passé, conformément au tarif.

Pour tout pesage effectué en magasin par les Portefaix, les intéressés peuvent se faire délivrer gratuitement le poids de détail des marchandises pesées ; mais la prise de poids doit être demandée au chef des Portefaix avant le commencement de l'opération.

En dehors des titres délivrés par l'Administration lors de la constitution des dépôts, bulletin d'entrée ou récépissé-warrant, *aucun état de situation n'est fourni aux déposants.*

Cependant, la Direction se charge gratuitement de faire vérifier, tant en magasin que sur les registres des Entrepôts, les états de situation présentés par les déposants.

Pour être admis à la vérification, ces états doivent rappeler les numéros d'ordre des lots qui y sont portés.

Les différences qui pourraient être relevées entre les états fournis et les existences réelles en magasin, sont signalées aux déposants, à titre officieux, par les soins de la Direction et sans garantie de la Chambre de Commerce.

En principe, le déposant a seul qualité pour signer les différentes pièces exigées pour le dépôt, la visite, le sondage, le recensement, le prélèvement d'échantillons et le retrait des marchandises déposées à son nom ; cependant, il peut autoriser, par une lettre adressée à la Direction, un ou plusieurs de ses employés ou agents à signer pour lui

et sous sa responsabilité, les pièces énumérées ci-dessus,
et à le représenter auprès de l'Administration des Entrepôts et Magasins Généraux.

Nota. — L'Administration des Entrepôts ne pouvant être
rendue responsable des retards, des erreurs ou des déficits,
qui viendraient à se produire, à l'entrée ou à la sortie des
marchandises, par suite de la non exécution des prescrip-
tions énoncées ci-dessus, MM. les déposants et agents
accrédités sont instamment priés de vouloir bien se conformer aux termes du règlement.

Fourniture
des formules.

Pour les différentes opérations spécifiées ci-dessus, des
imprimés sont tenus gratuitement à la disposition des déposants dans les bureaux de la Chambre de Commerce aux
Entrepôts.

TITRE IX

Mode de perception des frais de magasinage, d'assurance et de dépotoir.

Les poids et valeurs inscrits sur les déclarations d'entrée, et admis par l'Administration, lors de la constitution
du dépôt, servent de base à l'établissement des comptes de
magasinage et d'assurance.

Le paiement de ces comptes et de ceux établis pour
usage du dépotoir, est en principe exigible avant l'enlèvement de la marchandise ; cependant, pour faciliter les opérations du commerce, certains comptes peuvent être établis mensuellement ou trimestriellement après enlèvement
de la marchandise.

Après un an de séjour en magasin, les frais de magasinage et d'assurance dûs par la marchandise deviennent
exigibles.

Les frais de magasinage, d'assurance et de dépotoir, doivent être payés en monnaie courante, conformément à la
loi, sur des comptes fournis et quittancés par la Direction
des Entrepôts et visés par l'un des Commissaires de la
Chambre de Commerce.

Les comptes établis dans la forme indiquée ci-dessus sont présentés aux intéressés par les soins de la Chambre de Commerce.

Il est accordé aux déposants un délai de *huit jours*, à partir du jour de la présentation, pour vérifier les comptes; passé ce délai, les quittances sont présentées par les encaisseurs.

En cas de non paiement des quittances *sur première présentation*, le montant doit en être versé, *par les soins du débiteur*, directement à la Caisse de la Chambre de Commerce (Hôtel de la Bourse).

Pour les comptes dont l'importance est inférieure à la somme de cent francs, les quittances doivent être payées entre les mains des encaisseurs sur première présentation. ou le montant en être versé directement à la Caisse de la Chambre de Commerce.

Les comptes donnant lieu à demande de redressement, doivent être remis à la Direction des Entrepôts dans les *huit jours* qui suivent celui de la présentation.

Le paiement des comptes qui resteraient impayés *quinze jours* après celui de leur présentation serait poursuivi par toutes voies de droit.

TITRE X

Police des Entrepôts.

Il est expressément défendu de fumer dans les Entrepôts et Magasins Généraux administrés par la Chambre de Commerce.

Les individus surpris en fraude ou enlevant clandestinement des marchandises, sont à jamais exclus des Entrepôts, et ce, sans préjudice des poursuites judiciaires à exercer contre eux.

Il est interdit au personnel des Entrepôts d'accepter des gratifications des déposants ou de leurs agents, sous quelque forme qu'elles soient offertes.

Sous aucun prétexte, le personnel des Entrepôts ne doit s'entremettre dans des opérations commerciales ayant pour objet des marchandises déposées dans les magasins de la Chambre.

Les rouliers entrant avec leurs véhicules dans les cours intérieures des Entrepôts ne doivent, sous aucun prétexte, pénétrer dans les magasins.

Ils doivent rester près de leurs attelages et ne pas oublier que, pendant leur séjour dans les cours, ils sont soumis à la police des Entrepôts.

TARIF

DES

PRIX DE MAGASINAGE PAR MOIS

DANS LES

Entrepôts et Magasins Généraux de la Chambre de Commerce

Acier............	F. 1	»	des 1,000 kilog.
Acides non dangereux..............	1	»	—
Aloès.............................	1	50	—
Alun	1	»	—
Amandes en coques et autres........	2	»	—
Ananas conservés, en caisses..	1	»	—
Ancres en fer dans les cours........	»	20	—
Anis.............................	3	»	—
Arachides.................•....	»	50	—
Ardoises dans les cours............	»	40	—
Argent..........................	5	»	par 1,000 fr. de valeur
Armes...........................	2	50	des 1,000 kilog.
Arsenic.. .... ·. .	1	»	—
Arrowroot	2	»	—
Asphalte.........................	»	40	—
Bambous.......	1	50	—
Basting	1	50	—
Baumes.................... ...	3	50	—
Beurre salé ou conservé........	1	50	—
Beurre de cacao..........	1	25	—
Bière { en futailles......... ...	1	20	—
Bière { en paniers..............	2	»	—
Biscuit. ....•...	1	50	—
Bitume ....·.	»	60	—
Blé { en grenier ....,...........	1	»	—
Blé { en sac	»	75	—

Bœuf salé........................	F. 1	»	des 1,000 kilog.
Bougie........................	2	»	—
Bois de teinture, { dans les cours...	» 25		—
d'ébénisterie, etc. { dans les magasins	» 50		—
Brai........................	» 80		—
Cacao........................	1 25		—
Cachou........................	1 25		—
Camphre........................	4	»	—
Cannelle........................	4	»	—
Caoutchouc........................	2 50		—
Café........................	1 25		—
Céréales........................	1	»	—
Céruse........................	» 60		—
Chaînes en fer dans les cours........	» 20		—
Chapeaux de paille et autres........	10	»	—
Chanvres { en balles pressées et cordées........	1 50		—
{ en vrac........	2	»	—
Chinoiseries........................	6	»	—
Chocolat........................	1 25		—
Cigares........................	4	»	—
Cire........................	1 50		—
Citrons........................	2	»	—
Cocos { gros........	3 50		—
{ petits........	2	»	—
Cochenille........................	4	»	—
Conserves........................	1 50		—
Colle de poisson........................	3 50		—
Colle forte........................	1 50		—
Cotons { en balles pressées et cordées........	1 50		—
{ en balles non pressées .	2 50		—
Confitures........................	3	»	—
Cordages........................	1	»	—
Cornes........................	1	»	—
Crins { pressés........	1	»	—
{ non pressés........	2	»	—
Cubèbe........................	3	»	—
Cuirs secs et salés........	1 50		—
Cuivre { en lingots........	» 40		—
{ en feuilles........	» 50		—

Curcuma.........................	F. 1 50	des 1,000 kilog.	
Dextrine...........................	1	»	—
Dents d'éléphants.................	4	»	—
Drogueries non dénommées.........	2 50		—
Eaux-de-vie { en futailles..............	1 20		—
{ en paniers ou caisses..	2	»	—
Écaille....	8	»	—
Écorces non dénommées........... ..	2 50		—
Effets à usage..... .. ..:.. ..	5	»	—
Éponges	6	»	—
Essences non dangereuses...........	20	»	—
Étain en lingots...................	» 40		—
Faïence.........................	3	»	—
Fanons de baleine.................	2	»	—
Farines	1	»	—
Fer-blanc en caisses et à nu........	1	»	—
Fer { en barres ou en bottes.......	» 20		—
{ ouvré........................	» 60		—
Fil de chanvre et de lin.............	1 50		—
Fil de coco......................	1 50		—
Foin en balles pressées.............	1	»	—
Fonte de fer { en gueuses...........	» 45		—
{ ouvrée	» 50		—
Fromages......................	1 25		—
Fruits secs.......................	2	»	—
Fruits à boissons { en sacs, arrimés sur 6 plans en moyenne......	1	»	—
{ en sacs, arrimés sur 10 plans en moyenne......	» 75		—
{ en barils........	» 75		—
Futailles vides...................	6	»	—
Gambier.......................	1 50		—
Girofle et griffes de girofle...........	2	»	—
Gommes non dénommées..	1	»	—
Graines oléagineuses non dénommées	» 70		—
Graisses	1	»	—

Goudron	F. 1	»	des 1,000 kilog.
Gutta-percha	2	»	—
Guinées bleues	2 50		—
Guano	» 50		—
Huilescomestibles en estagnons, paniers, caisses ou futailles { Les futailles d'un poids supérieur à 500 kilog. sont arrimées sur un plan.	1 70		—
Huiles non comestibles, en futailles { arrimées sur un seul plan.	1 50		—
arrimées sur plusieurs plans, dans les caves..	1 20		—
arrimées sur plusieurs plans, en dehors des caves	1	»	—
Houblon	5	»	—
Indigo	3	»	—
Instruments de musique	3	»	—
Joncs	1 50		—
Jouets	3	»	—
Jute	1 50		—
Laines { en balles pressées et cordées	2	»	—
en balles non pressées	3	»	—
Lait conservé	1 50		—
Lard salé	1	»	—
Légumes secs { en grenier	1	»	—
en sacs	» 75		—
Lin	1 50		—
Liquides non dénommés en futailles..	1 20		—
Liqueurs non dénommées en paniers.	2	»	—
Livres, librairie	4	»	—
Machines et pièces de machines : { dans les magasins	1 50		—
dans les cours...	1	»	—
Macis	5	»	—
Matières tinctoriales non dénommées.	1 50		—

Mélasse	F. » 75	des 1,000 kilog.
Mercerie	3 »	—
Métaux (vieux).	» 75	—
Meubles et objets d'ameublement....	4 »	—
Miel..........................	1 20	—
Muscades	5 »	—
Nacre.	1 5'	—
Nankin........................	3 »	—
Nattes.	3 »	—
Noir animal, dans les cours	1 »	—
Objets de toilette....	5 »	—
Objets de collection non dénommés ..	5 »	—
Or............................	5 »	par 1,000 fr. de valeur
Oranges.......................	2 »	des 1,000 kilog.
Orseille	1 50	—
Os............................	1 »	—
Papier et pâte à papier.	4 »	—
Pâtes non dénommées.............	2 »	—
Peaux de mouton, de chèvre, etc	2 »	—
Peaux de bœuf, de vache ou de veau .	1 50	—
Pelleteries non dénommées	4 »	—
Perlasse.......................	1 »	—
Piment........................	2 »	—
Plomb { en saumons..............	» 25	—
{ laminé..................	» 50	—
Plumes de luxe et autres non dénom-		
mées	7 50	—
Poivre........................	1 25	—
Porcelaines..	3 »	—
Potasse	1 »	—
Poterie { fine....................	3 »	—
{ commune................	2 »	—
Plantes médicinales non dénommées.	2 50	—
Produits chimiques non dénommés et		
non dangereux................	1 »	—
Quincaillerie { grosse..............	1 50	—
{ fine...............	3 »	—
Quinquina.....................	2 50	—

Raffia.	1 50	des 1,000 kilog.
Rails d'acier ou de fer	» 50	—
Réglisse, racines et jus	1 50	—
Ricin, graines et huile	3 »	—
Riz	» 50	—
Rhubarbe	2 50	—
Rhum et Tafia { En caisses, paniers ou futailles (les futailles de 250 k. et plus, arrimés sur 2 plans au maximum)	1 20	—
En futailles de 250 kil. au moins, arrimées sur 3 plans	» 80	—
Rocou	1 25	—
Rotins	1 50	—
Safran	6 »	—
Sagou	2 »	—
Salaisons non dénommées	1 »	—
Sacs vides { en balles pressées et cerclées	1 »	—
en fardeaux non pressés	2 »	—
Salpêtre	1 »	—
Savon	1 »	—
Sésame en sacs	» 50	—
Sel marin et de mine	» 20	—
Sel marin et de mine dénaturé	1 »	—
Sel de soude	1 »	—
Soufre	1 »	—
Stéarine	1 50	—
Soies de porc	1 »	—
Soie non travaillée	10 »	—
Sucre des colonies françaises { en balles ou en sacs	» 50	—
en futailles	» 70	—
Sucre de provenance étrangère, en tout emballage	» 75	—
Sucre indigène	» 75	—
Sucre raffiné : en pains, concassé ou en poudre } des raffineries françaises	1 »	—

Sucres bruts en tout emballage introduits en Entrepôt pour y être reconstitués	» 75	—	
Sucre vergeoise	1 »	—	
Suif	1 »	—	
Tabacs à fumer, à mâcher et à priser.	4 »	—	
Tabacs non préparés, en grosses futailles ou en grosses balles	1 50	—	
Tafia en futailles	(*Voir rhum*)		
Tamarin	1 »	—	
Tapioca	1 50	—	
Thé	5 »	—	
Tissus — Fil ou coton ouvrés ou peints	3 50	—	
Tissus — Laine	5 »	—	
Tissus — Soie	15 »	—	
Tissus fil ou coton, non ouvrés, blancs ou écrus	1 50	—	
Tôle	» 50	—	
Toile à voile ou d'emballage	1 »	—	
Tubes en métal	» 60	—	
Vanille, vanillon	10 »	des 1,000 kilog.	
Verrerie	2 »	—	
Vin — en caisses, paniers ou futailles (les futailles d'un poids supérieur à 600 kilog. étant arrimées sur un seul plan)	1 20	—	
Vin — en futailles d'un poids supérieur à 600 kilog., arrimées sur deux plans	1 »	—	
Vessies natatoires	3 50	—	
Zinc — en lingots	» 40	—	
Zinc — laminé	» 50	—	

Il est consenti une réduction, sur les prix de magasinage du présent tarif, pour cause de long séjour en magasin.

Cette réduction est de :

1/4 après douze mois jusqu'à vingt-quatre mois.

et 1/3 au delà de vingt-quatre mois.

NOTA. — Pour les marchandises non spécifiées au présent tarif les prix de magasinage seront établis par analogie.

Tarif de la prime d'assurance

0 fr. 50 par 1000 francs de valeur et par mois, pour les 6 premiers mois de séjour.

0 f. 40 par 1000 francs de valeur et par mois, pour les mois suivants.

Tarif du dépotoir

Par hectolitre jaugé (minimum perçu 1 fr.)........ 0 fr. 30

TARIF DE LA MANUTENTION

DANS LES

Entrepôts et Magasins Généraux de la Chambre de Commerce

Avis. — *Voir le titre 1ᵉʳ du Règlement relativement aux conditions dans lesquelles s'effectuent les différentes manutentions.*

Déchargement des navires ou gabares placés au droit des magasins

Cette opération comprend :

1º la mise à terre.........	1 »	
2º le pesage de douane....	» 50	2 50 par 1000 kilog.
3º l'entrée et l'arrimage en magasin................	1 »	

Déchargement sur quai devant les magasins, des wagons ou camions

Cette opération comprend :

1º la mise à terre.........	» 50	
2º le pesage de douane.....	» 50	2 » par 1000 kilog.
3º l'entrée et l'arrimage en magasin................	1 »	

Chargement sur camions ou wagons après pesage de douane sur le quai. (Dans ce cas la sortie du poids 0 fr. 25 reste acquise aux portefaix qui l'ont effectuée)...................... 0. 50. par 1000 kilog.

Entrée et arrimage des marchandises
présentées à la porte des magasins
sur charrettes ou camions........   1 » des 1000 kilog.

Entrée et arrimage des marchandises
prises sur le quai, au droit des magasins, (soit à la sortie de la balance,
soit sur pile)....................   1 25 des 1000 kilog.

Entrée et arrimage des marchandises
prises sur wagons devant les maga-
sins............................   1 25 des 1000 kilog.

Sortie des marchandises comprenant
le désarrimage et le chargement sur
charrettes ou camions à la porte des
magasins......................   1 » des 1000 kilog.

Sortie des marchandises comprenant
le désarrimage et le chargement sur
wagons ou le transport à bout de
rance devant les magasins........   1 50   —

Désarrimage, pesage et réarrimage des
marchandises en futailles, caisses ou
paniers........................   2 25   —

Désarrimage pesage et réarrimage des
marchandises en balles ou en sacs.   2 »   —

Désarrimage, pesage et sortie immédiate comprenant le chargement sur
charrettes ou camions...........   2 »   —

Désarrimage, pesage et sortie immédiate comprenant le chargement sur
wagons ou le transport à bout de
rance devant les magasins........   2 50   —

Mise à sonder avant pesage, comprenant la présentation des colis sur une
ou plusieurs faces..............   » 50   —

Manutention des marchandises exper-
tisées, comprenant le désarrimage,
la présentation des colis et le réarrimage..........................   » 75   —

Désarrimage, mâtage et réarrimage des marchandises en futailles ou paniers   1 »   —

Pesage et vérification des sucres raffinés (brut et net)................   1 50   —

Désarrimage des marchandises pour triage en magasin : la partie réarrimée paie......................   » 50   —
(l'autre partie paie le prix de la manutention qu'elle subit après désarrimage.)

Mise à sonder avant enlèvement pour présenter au déclassement les marchandises en futailles, paniers ou caisses.........................   » 25   —

Disposer les futailles contenant des liquides pour faire le plein avant arrimage ou passage au dépotoir......   » 25   —

Pour faire le plein des futailles contenant des liquides ....   » 25 par colis.

Etablissement des Tares

Tare avant arrimage en magasin des marchandises en tout emballage, autres que les sucres en balles ou en sacs des Colonies Françaises ; cette opération comprenant : le dépotage, le battage, le pesage des emballages et la réintégration de la marchandise dans lesdits emballages.......   2 50 par 1000 kilog.

Pour la tare des marchandises déjà arrimées en magasin il y a lieu d'ajouter aux frais ci-dessus :

1° pour désarrimage des marchandises en tout emballage ....   » 25   —

2° pour réarrimage après établissement de la tare :

Pour les marchandises en futailles, paniers ou caisses................	» 50 par 1000 kilog.
Pour les marchandises en balles ou en sacs............................	» 25 —
Pour la tare des colis d'un poids inférieur à 30 kilog. il est perçu.......	» 25 par colis
Pour la tare des fardeaux renfermant deux ballotins..................	» 50 —
Pour la tare des sucres de Java en paniers comprenant le nettoyage des emballages et des feuilles de jonc qui en font partie il est perçu..	4 » par panier
Pour la tare ou le dépotage des caisses renfermant des caissettes ou pour les sacs renfermant de petits colis la rétribution due est proportionnelle au temps employé, à raison de 0 fr. 50 par heure et par homme employé.	

Tarif spécial pour les sucres en balles ou en sacs des Colonies françaises

Pesage et livraison en magasin, réarrimage compris..................	1 40 des 1,000 kilog.
Sortie après pesage en magasin comprenant le chargement sur charrettes ou camions.....................	» 30 —
Sortie sans pesage en magasin comprenant le chargement sur charrettes ou camions à la porte des magasins	» 70 —
Pour la mise sur wagons ou à bout de rance devant les magasins il y a lieu d'ajouter au prix ci-dessus........	» 50 —

Etablissement de tares pour les sucres en balles ou en sacs des Colonies françaises

Pour une tare effectuée avant arrimage en magasin, comprenant le dépotage, le battage, le pesage des emballages et la réintégration du sucre dans les dits emballages	» 40 par colis

Pour le grattage des emballages il y a
lieu d'ajouter au prix ci-dessus..... » 20 par colis.

Conditionnage au pesage ou à la livraison (ce tarif est perçu sur l'ensemble
du lot pesé ou livré) .... » 005   —

Tarif spécial pour les sels

Sortie des sels en sacs sur charrettes
ou camions après avoir délié, relié
les sacs et complété le poids ...... 1 50 par 1,000 kilog.

Mise en sacs des sels en vrac et sortie
sur charrettes ou camions à la porte
des magasins................... 2 »   —

Tarif spécial applicable aux marchandises introduites dans les salles de visite

Entrée dans les salles des marchandises
prises sur navires ou allèges placés
à quai au droit des magasins....... 1 » des 1,000 kilog.

Entrée des marchandises prises sur le
quai ou sur wagons et camions devant les salles .... » 50   —

Pesage de vérification et sortie sur camions ou charrettes............. 1 »   —

Pesage de vérification et sortie sur wagons ou à bout de rance sur le quai
devant les magasins............. 1 50   —

Sortie des salles, entrée et arrimage en
magasin après pesage de Douane... 1 50   —

Sortie directe des salles et chargement
sur camions après pesage de Douane » 75   —

Sortie directe des salles sur wagons ou
à bout de rance devant les magasins
après pesage de Douane........... 1 25   —

Les parties de marchandises déplacées
pour triage dans les salles paient .. » 50   —

Transport dans les salles des marchandises déjà emmagasinées pour les présenter au déclassement (désarrimage et réarrimage compris)....... 1 » —

Pour la même opération comprenant en plus la sortie sur charrettes ou camions......................... 1 50 —

Tarif de manutention pour les futailles ou les liquides jaugés au Dépotoir

Par hectolitre jaugé................ » 20
(Minimum de perception 0 fr. 50)

Travaux divers

Réception des marchandises en balles ou en sacs à l'entrée en magasin, comprenant le conditionnement des colis............................. » 02 par colis

Sondage simple.................... » 02 —

Sondage comprenant la mise en cornet (fourniture du papier comprise) ... » 04 —

Pour conditionner .... » 03 —

Pour lier et délier les sacs (ficelle comprise)........................ » 02 —

Pour ouvrir et recoudre les sacs (ficelle comprise)........................ » 05 —

NOTA. — Les portefaix employés à un travail non spécifié sur le présent Tarif sont rétribués à raison de 0 fr. 50 par heure et par homme (toute heure commencée est dûe).

Le minimum de perception pour une opération effectuée par les portefaix pour le compte d'un même Déposant est fixé à 0 fr. 10.

Les comptes pour frais de manutention sont établis et quittancés par le Chef des Portefaix ; ils doivent être payés en monnaie courante, conformément à la loi, entre les mains des encaisseurs ou à la caisse des portefaix (Entrepôts neufs), dans les délais fixés au titre IX du Règlement général pour le paiement des comptes dûs à la Chambre de Commerce.

Nantes. — Imp. Émile Grimaud